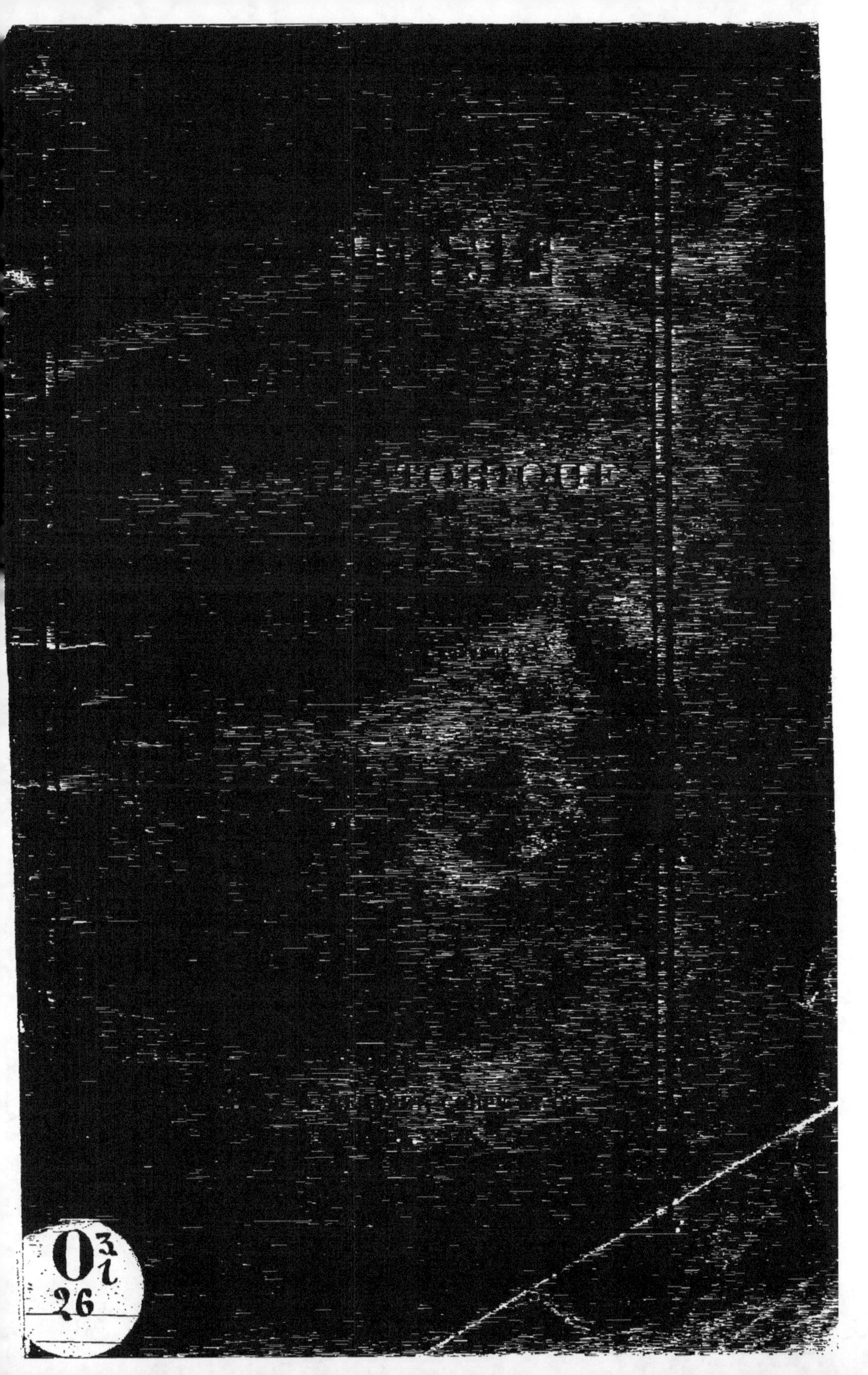

LA TUNISIE

LA TUNISIE

NOTICE HISTORIQUE

PAR

M. OSCAR GAY

CHEVALIER DE LA LÉGION D'HONNEUR.

MAI 1861

PARIS

IMPRIMERIE DE W. REMQUET, GOUPY ET Cⁱᵉ,

Rue Garancière, 5.

1861

LA TUNISIE

NOTICE HISTORIQUE

Au moment où l'Europe entière, agitée sur tous les points par le souffle des nationalités, porte ses regards inquiets sur cette terre d'Italie dans le sein de laquelle germe une liberté nouvelle si généreusement fécondée par le sang de la France, il est peut-être curieux de jeter un coup d'œil rapide sur les phases les plus importantes de la lutte entreprise, il y a bien des années déjà, par les Maures Tunisiens pour s'affranchir du joug étranger, et de se rendre compte ensuite des effets de cette lutte qu'un plein succès a couronnée.

Touchant à l'Algérie sur une longue ligne de frontière, liée à la France par de nombreux rapports commerciaux, placée par sa civilisation à la tête des peuples de l'Afrique, la Tunisie mérite par sa position une place exceptionnelle dans l'histoire des peuples Barbaresques. Cependant ce sol classique, où les œuvres des hommes se dressent sur les ruines faites par l'action du temps, où l'on retrouve les monuments indestructibles de la nature à côté de cette antique cité disparue sans laisser de trace; ce sol, si riche en souvenirs, sur lequel la civilisation romaine a laissé son empreinte lumineuse, n'a de nos jours été qu'impar-

faitement exploré et encore moins étudié.

Ce n'est pas chose facile, il est vrai, de développer l'histoire d'un peuple qui ne possède ni annales, ni chroniques publiques, et qui, d'ailleurs, jusqu'à présent, s'est peu préoccupé de transmettre aux siècles à venir le récit des événements accomplis. Toutefois, si l'on ne remonte pas trop loin dans les temps passés, il n'est pas impossible de reconstituer quelques pages intéressantes des révolutions qui ont agité la Tunisie, et de marquer les pas qu'elle a faits dans la voie de la civilisation.

Sans chercher à retracer toutes les vicissitudes par lesquelles le peuple Tunisien a passé, il suffira de se reporter au moment où, ne pouvant plus supporter une domination inique et détestée, il brise, par de vigoureux efforts, les premiers anneaux de cette lourde chaîne que, si souvent déjà, il avait inutilement secouée. Si la fidélité à des engagements librement contractés est un principe incontestable que la raison naturelle accepte, un principe non moins vrai est qu'on ne saurait soumettre une nation à une loi qui lui répugne et que la force seule lui impose. Trop souvent les amis de la liberté exagèrent les droits des peuples, mais cependant il ne faut pas oublier cette maxime immuable : « que les gouvernements sont faits pour les peuples et non les peuples pour les gouvernements ». Au milieu de tous les conflits en ce moment engagés autour de nous, un principe éternel se lève, un droit sacré demande sa place, c'est le principe des nationalités, c'est le droit à l'indépendance. Si des fabricateurs de systèmes plus ou moins réprouvés prétendent imposer leurs idées pour les faire prévaloir dans le présent et dans l'avenir, on leur permettra de régler selon ces idées les destinées des hommes lorsqu'ils seront tous d'accord, ou lorsque l'un d'eux aura pu convaincre tout le monde de l'excellence de leurs recettes. Mais qu'ils respectent, en attendant, les notions les plus élémentaires et les plus sacrées du droit, et, s'ils s'appuient sur des préjugés pour obscurcir la raison, au moins qu'ils ne mettent pas en jeu l'intérêt personnel pour étouffer chez les hommes le cri de la conscience ou le sentiment d'un droit dont aucun peuple ne saurait faire abstraction.

Parfois, lorsqu'une révolution boule-
verse un pays au nom de l'indépendance,
il se produit une de ces réactions morales
qui, en tout temps comme en tout lieu,
sont la conséquence immédiate et momen-
tanée de pareilles perturbations. L'on voit
des esprits d'élite qui, en présence d'un
entraînement général et violent, pensent
faire acte de courage et de grandeur d'âme
en se rattachant aux idées depuis longtemps entraînées par le torrent, et en diri-
geant toute leur fureur contre ces doctrines qu'on avait invoquées pour renverser
l'ancien ordre des choses. Après eux vient
inévitablement sur leurs pas la tourbe ridi-
cule des imitateurs, de ces personnes qui,
avides d'attirer sur elles l'attention et de
se donner un cachet d'originalité, répètent

à l'envi et sans les comprendre des para-
doxes dépourvus de valeur. Ils tentent alors
de tourner en plaisanterie les doctrines les
plus conformes à la dignité humaine, à la
morale et à la raison, pour se vouer au
culte d'institutions enfantées dans des siècles d'ignorance et de barbarie. Apolo-
gistes d'un temps de despotisme et de su-
perstition, ils cherchent à reconstituer de
leurs mains débiles ce temps du moyen âge
qu'ils ne comprennent même pas.

Assurément lorsque, non-seulement en
Italie, mais dans presque tous les autres
États de l'Europe, il se produit une sorte
de transition et d'attente, comme un travail
nouveau, il est naturel qu'au milieu même
de la passion de la lutte, l'on éprouve par
moments quelques déceptions et une cer-

taine lassitude contre lesquelles il faut savoir se prémunir. — Ce qui n'est point douteux, c'est que cette époque où les nationalités opprimées tendent à se reconstituer est là avec ses lacunes, avec ses faiblesses comme aussi avec ses résultats durables. Livrée aux influences les plus contraires et les plus violentes, une société tout entière se réveille en proie à une crise formidable; sur ses bases ébranlées, elle travaille péniblement à reconstituer son indépendance; luttant d'un côté avec une école traditionnelle, il lui faut d'autre part compter avec le rationalisme, qui, dans son triomphe, se subdivise en toutes sortes de nuances. Mais, si l'on pénètre jusqu'au cœur même de cette société, si on l'interroge dans ses profondeurs, si on se rend bien compte du cercle mouvant et libre qui l'entoure, on la voit poussée, comme par une force irrésistible, dans une voie de progrès et de lumière. Dans cette lutte, qui a ses heures d'éclat et ses heures douteuses, qui voit se succéder les incidents les plus divers, il y a parfois d'étranges contrastes, de singuliers mélanges de faits d'une nature fort opposée. — Mais, ces incidents, ces contrastes constituent essentiellement la politique et la vie même des peuples, ils sont le résultat forcé du choc d'intérêts contraires, et c'est cette succession d'actes et de manifestations qui dessine leur rôle sur la scène du monde.

L'on reconnaîtra sans peine, si l'on observe dans son ensemble la ligne politique suivie de nos jours par les divers gouver-

nements de l'Europe, quelle immense place
est réservée à ces questions d'équilibre et
d'influences par lesquelles ils cherchent à
maintenir, à tout prix, entre les peuples
une certaine réciprocité de droits, une
certaine égalité de forces. — Empêcher ces
accumulations de populations et de terri-
toires qu'ils considèrent comme une menace
pour tous les rapports et toutes les indé-
pendances, tel est le but de leurs constants
efforts. Sous une forme comme sous une
autre, dans les conditions les plus diverses,
ces questions, que le Piémont, depuis quelque temps déjà, a eu le privilége de sou-
lever sur tant de points, bien qu'elles ne
soient pas d'ailleurs exclusivement propres
au continent, sont un des premiers élé-
ments de la politique contemporaine : c'est,

à vrai dire, le but de toutes les guerres et, sans doute, le dernier mot de leur pacification. La France, en soutenant par ses armes l'indépendance de l'Italie, qu'elle protége encore de son drapeau, a secondé cette politique, qui contribuera à augmenter sa grandeur et le poids de son influence. De cette intelligence plus nette d'une situation depuis longtemps menaçante, mais dont les dangers n'avaient jamais été aussi évidents, est né un système d'alliance à la fois rationnel et puissant, conforme aux intérèts des nations. Ce système ne s'est pas constitué en un jour, comme on pourrait le croire, mais il a été préparé de longue main par l'action même des circonstances.

Un certain nombre d'individus, séduits naguère par des espérances de régé-

nération auxquelles leur inexpérience ne
mêlait aucune inquiétude, sont effrayés,
il est vrai, de voir surgir quelques cala-
mités d'un principe qui, à leurs yeux, ne
devait produire que des biens immédiats
et sans mélange. Dans leur terreur, ils se
prennent alors à regretter ce sommeil lé-
thargique dans lequel la domination étrangère avait longtemps maintenu les pays
aujourd'hui soulevés pour reconquérir
leur liberté. Oubliant les maux de toute
sorte, les humiliations journalières, la
compression et les vexations insupporta-
bles que le despotisme étranger accumu-
lait sur leur patrie, ils ne se rappellent
plus, au milieu des luttes et des fatigues de
la liberté naissante, que cet engourdisse-
ment factice qu'ils comparent à un repos

bienfaisant dont ils évoquent le retour.
Mais si cette domination qu'ils regrettent
venait, pour leur malheur, à être rétablie,
que de vicissitudes n'auraient-ils pas à endurer de la part d'une autorité inquiète,
défiante, que la crainte d'une nouvelle lutte
rendrait nécessairement oppressive? Ces
personnes se convaincraient bien facile-
ment alors qu'une nation qui a passé par
la liberté, ne fût-ce même que pour un
instant et à travers l'anarchie, n'est plus
apte à subir le joug de l'étranger. Quoi qu'il
en soit, on ne peut nier qu'un revirement
singulier s'est opéré dans une certaine por-
tion de l'ancien parti libéral; mais cette
tendance à laquelle, comme toujours, s'est
mêlé l'esprit de mode, n'a rien de sérieux
ni de profond. Aux jours mauvais succède-

ront des jours meilleurs et avec eux renaî-
tra la confiance. La liberté des peuples
n'est pas seulement une puissance redou-
table, habile à produire des négations et
des ruines ; c'est aussi une puissance bien-
faisante et régulière, capable de remplacer
tout ce qu'elle détruit, et qui, après avoir
abattu les parties caduques de l'antique
édifice, saura construire un édifice plus
solide et plus vaste pour les générations
affranchies de la domination étrangère.

On ne doit point s'attendre à rencontrer
dans l'histoire de la Tunisie, dont on va
reproduire quelques fragments, les péri-
péties et la variété d'incidents que présente
l'histoire de la vieille Europe. Cependant
on remarquera, dans les dernières années
surtout, des faits nouveaux, des symptômes

plus ou moins sensibles, qui attestent que ce pays est entré peu à peu dans le mouvement d'idées et de préoccupations qui agite le reste du monde. D'ailleurs, au siècle où nous vivons, avec l'élan merveilleux imprimé par la vapeur à la navigation, avec la fièvre d'expansion qui pousse les peuples et, pour ainsi dire, les continents eux-mêmes en dehors de leurs vieilles limites, enfin avec cette solidarité d'intérêts et de sentiments qui s'est établie entre les différentes races du globe, les royaumes qui, jusqu'ici, ont pratiqué le plus obstinément une politique méfiante ou isolée, tendent de plus en plus à s'ouvrir à l'influence européenne.

La Tunisie, baignée par la mer Méditerranée au nord et à l'est, voisine du Pachalik de Tripoli au sud-est, bornée au midi par les sables du Sahara, n'a de limites rigoureuses ou conventionnelles que du côté de l'occident, où elle est limitrophe de l'Algérie sur une étendue de cent lieues au moins. Mais, comme on le sait, en Orient les questions de limites, auxquelles les États de l'Europe attachent une importance si considérable, attirent rarement l'attention des gouvernements. La France, pays des généreux instincts et des grandes pensées, qui a fait faire à l'Algérie de si grands pas dans la civilisation, exerce sur la Tunisie une influence morale aussi naturelle que considérable. Rien, en effet, n'est isolé dans la nature : chacune des parties de ce grand tout, bien qu'ayant une existence propre, se trouve soumise à l'action plus ou moins puissante des unités qui l'avoisinent, et, aussitôt que deux nations se trouvent en contact, les choses ne tardent pas à se modifier dans le sens de celle qui est la plus forte. Aussi le peuple Tunisien, qui a toujours eu pour la France des sentiments de sincère amitié, a parfaitement compris qu'il trouverait dans notre alliance autant que dans son patriotisme la garantie et le principe de son indépendance. La compression étrangère, qu'il a dû subir si longtemps et dont il s'est affranchi avec tant de peine, n'a fait que l'affermir dans ce double culte. Sous cette douloureuse influence, s'est développée sa nationalité, à laquelle il travaille avec une persévérance exemplaire depuis bien des années. Son courage a été infatigable, et si, par moments, il a paru s'affaisser, ce n'a été que pour se relever toujours avec plus d'ardeur à la lutte. Ni les crises intestines, ni les déceptions sanglantes, rien n'a entamé sa foi dans l'avenir et, du milieu des dangers qui l'environnaient, sa confiance en ses destinées s'est toujours relevée intacte.

Sans doute, quand une nation a reçu en partage le génie et la force, quand elle remplit l'Europe du bruit de ses armes et de ses succès, quand le respect et l'admiration l'entourent, quand elle a, comme la nôtre, un gouvernement aussi glorieux que patriotique, elle peut, à la rigueur, ne pas s'inquiéter des malheurs ou des misères d'un peuple voisin ; elle peut, portant ses yeux et son attention sur une scène plus

vaste, le laisser seul débrouiller le nœud de ses destinées. Mais chacun de nous, si favorisé qu'il puisse être par la nature, ne ressent-il pas, s'il porte un cœur humain, tous les maux attachés à l'humanité? N'est-il pas pauvre, orphelin, persécuté dans la personne de tous ceux qu'on persécute, qu'on abandonne et qui souffrent? Quel besoin avons-nous, dira-t-on peut-être, de porter nos regards sur des faits relativement secondaires au moment où l'Europe concentre sur elle-même tout ce qu'elle a d'intelligence, de passion et de force pour surveiller sa marche pénible vers un avenir incertain? Absorbée par les grandes questions politiques qui se débattent autour d'elle, la France n'est guère attirée, il faut le reconnaître, vers la discussion des intérêts qui ne la touchent pas d'une façon directe. Cependant, il n'est peut-être pas inutile, afin de se rendre un compte exact et complet de l'époque où nous vivons, d'observer avec soin tout ce qui marque les progrès ou la décadence des peuples africains, auxquels nous lient si intimement nos relations commerciales et notre influence réformatrice. En effet, aucune entreprise coloniale dans l'histoire du monde n'est comparable à celle que nous poursuivons sur le sol algérien, et déjà nous avons pu constater les résultats obtenus par notre civilisation sur le plus vaste des théâtres où elle se soit développée. L'histoire de la Tunisie, pays frontière de notre colonie, présente pour nous, non-seulement au point de vue de la curiosité mais encore de la politique, un attrait considérable. Car si, de son côté, elle a un intérêt sérieux, un intérêt de salut à vivre avec nous dans une inaltérable harmonie, nous avons, de notre côté, un avantage immense non-seulement à resserrer les liens d'amitié qui nous unissent à elle, mais encore à développer son activité et à maintenir son indépendance.

Il est un principe qu'on doit toujours craindre de froisser, c'est celui des nationalités; tous les peuples sont les uns à l'égard des autres dans une indépendance naturelle; aucune autorité, aucun chef, aucun supérieur ne doit leur être imposé; la raison naturelle est la seule loi commune qui doive les régir et une égalité parfaite de droits doit exister entre eux. Un État, pour qu'il puisse subsister par lui-même, doit être respecté des autres quelle que soit sa force numérique ou son étendue territoriale; nul ne doit troubler chez elle une nation, ou l'empêcher de s'occuper de son bien-être lorsqu'elle ne nuit à personne. Sa liberté intérieure comme son territoire doivent être respectés. Les peuples ont les mêmes droits à exercer, les mêmes obligations à remplir; ils ont chacun en particulier un droit égal, un droit parfait; le droit de conservation établit entre eux, comme entre les individus dans l'ordre naturel, une égalité parfaite, une parfaite réciprocité. Mêmes droits, mêmes obligations, voilà en deux mots le véritable caractère des nations, l'égide de leur sécurité. Mais malheureusement ce caractère est loin d'avoir toujours été respecté : longtemps on a cru qu'un peuple ne pouvait s'enrichir qu'aux dépens d'un autre peuple; dans les relations d'homme à homme, ou dans le commerce de peuple à peuple, on ne voyait qu'une sorte de pillage dans lequel on n'arrivait à se faire une part large et belle, qu'en l'arrachant aux autres par la ruse ou par la force. Mais fort heureusement la civilisation moderne est venue dissiper ce préjugé funeste, qui a cédé presque partout, il faut le reconnaître.

Tunis, tantôt ville soumise tantôt capitale d'un petit État, a eu longtemps à subir l'étreinte fatale de la domination turque. Pendant des siècles, nul ne l'ignore, le génie arabe, qui avait couvert le monde de ses merveilles, a été étouffé sous ces terribles maîtres. Avec eux une sorte de torpeur sombre s'est étendue sur tous les peuples du Levant; les génies des Mille et une Nuits ont perdu leurs ailes ; les arts, les lettres et les sciences ont disparu, et c'est à peine si la poésie des mœurs et des croyances primitives a laissé çà et là quelques traces. Quel triste temps pour la Tunisie que celui de la domination des Mameloucks ! Les quelques richesses que la délation et la confiscation épargnent dans le patrimoine des sujets, l'impôt l'absorbe; le propriétaire n'est qu'un débiteur public, et on le traite avec toute la barbarie des vieux Romains contre leurs débiteurs. Les grands comme les petits, rendus responsables de l'impôt, subissent sous le bâton ou dans les cachots un système d'oppression habilement organisé et impitoyablement appliqué. Le peuple des campagnes, sans protection et sans encouragement, épuisé par les abominables exactions du fisc, abandonne les travaux de l'agriculture pour traîner une vie misérable sous un régime d'impuissance et de décadence. Pas un grand homme, pas un grand caractère, tout est énervé, décrépit. Quelques années encore de domination, et la ruine du pays était complète. Aussi, n'ayant ni protection, ni sécurité à attendre de leurs dominateurs, qui les avilissaient pour mieux les exploiter, les Maures Tunisiens avaient parfaitement compris que dans leur indépendance seule ils trouveraient leur salut. Une réaction contre l'autorité oppressive était donc inévitable, les circonstances la rendaient nécessaire et légitime. D'abord victimes obscures et esclaves dédaignés, puis adversaires courageux, nous les voyons enfin vainqueurs et maîtres. Ce n'est pas en un jour, il est vrai, qu'ils ont atteint le but désiré ; semblables à une marée qui avance, recule, revient, les Tunisiens ont subi dans la lutte plus d'une péripétie ; mais ils ont, en dernier lieu, conquis leur indépendance.

Sans vouloir faire une étude complète de cette époque, contentons-nous de jeter un coup d'œil rapide sur les principaux événements qui ont amené ce résultat.

Au commencement du xviiie siècle, en 1705, Tunis était gouverné par Ahssen-ben-Ali, le fondateur de la dynastie qui, jusqu'à nos jours, s'est soutenue sur le trône sans interruption. Fils d'un renégat grec de Candie, les premières années de sa

jeunesse se passèrent dans l'obscurité ; plus
tard, successivement grand écrivain, juge,
major d'armée, lieutenant du Pacha, il fut
enfin proclamé Bey lui-même par les milices turques dont il avait captivé l'affec-
tion, à la place d'Ibrahim, fait prisonnier
dans une bataille livrée aux Algériens. Toutefois, comme Ahssen-ben-Ali sentait que le
pouvoir ne pouvait être affermi dans ses
mains tant que vivrait son prédécesseur
Ibrahim, il l'attira, en usant de divers sub-
terfuges, à Portofarina, où, par ses ordres,
il fut décapité. Froid, mesuré, maître de
lui, assez du moins pour dissimuler ses
émotions intérieures, tous les actes d'Ahssen-ben-Ali étaient le résultat de combinaisons quelquefois erronées mais toujours
mûrement calculées. Après la mort d'Ibra-

him Pacha, le règne du nouveau Bey s'é-
coula d'abord, pendant plusieurs années,
dans un calme parfait, qui fut ensuite in-
terrompu par des dissentiments de famille
au sujet des droits de succession au trône.
N'ayant point d'héritier direct et désespérant, sous ce rapport, de voir ses vœux
s'accomplir, il avait désigné pour régner
après lui son neveu Ali, lorsqu'il lui advint
un fils d'une esclave génevoise amenée
dans son harem. La légitimité du jeune
prince, désigné sous le nom de Moham-
med-Bey, fut proclamée par le Divan après
que sa mère qui, quelques années plus
tard, donna le jour à deux autres enfants,
Mahmud et Aly-Bey, eut abdiqué la religion catholique. Poussé par un sentiment
très-naturel, Ahssen-ben-Ali, qui voulait

assurer à ses fils la succession au trône, fit connaître ses intentions à son neveu, et, afin de le consoler, acheta pour lui à Constantinople le titre de Pacha, qu'à cette époque la Porte conférait encore à Tunis. Ali-Pacha, dont cette mesure renversait les plans ambitieux, affecta d'abord, pour mieux cacher les sentiments de vengeance qui germaient dans son cœur, de se soumettre avec plaisir à la volonté de son oncle. Mais peu après, ne pouvant dissimuler son ressentiment, il se retira dans les montagnes, où il se forma un parti puissant, avec lequel il vint attaquer Ahssen-ben-Ali. La fortune ne lui fut pas favorable; battu et mis en fuite, il se réfugia à Alger, en 1735, où il obtint, à prix d'argent, un corps d'armée, avec lequel il marcha de nouveau contre son oncle qui, vaincu à son tour, se retira à Souze, d'où il fit passer ses fils sur le territoire de l'Algérie, alors l'asile de tous les princes fugitifs. Mais tous ses efforts pour ressaisir le pouvoir furent inutiles. Poursuivi et atteint par Junès-Bey, fils aîné d'Ali-Pacha, Ahssen-ben-Ali eut la tête tranchée.

Au moment où Ali-Pacha semblait devoir jouir de ses succès, sa tranquillité fut gravement compromise par le désaccord qui surgit entre ses trois fils. L'un d'eux, Mohamed, pour lequel il avait des sentiments de prédilection et qui convoitait la succession au trône, parvint à indisposer son père contre son frère aîné, Junès-Bey, dont l'arrestation fut ordonnée. Prévenu à temps, Junès se réfugia dans la Casba (cita-

delle intérieure qui commande la ville),
qu'il quitta furtivement, bientôt après,
pour se rendre à Alger. Les malheurs de
Junès ne calmèrent pas les sauvages instincts de Mohamed, qui se débarrassa par
le poison de son plus jeune frère, et se fit
ensuite reconnaître par le Divan comme
héritier présomptif. Depuis plusieurs années déjà les Beys de Tunis, dont la tendance était de s'affranchir de la domination turque, réglaient, avec le seul
concours du Divan, l'ordre de succession
au trône que, du reste, ils avaient de leur
propre autorité déclaré héréditaire dans
leur famille. Les crimes de Mohamed pa-
raissaient avoir assuré sa fortune, lorsque
des événements imprévus vinrent changer
la face des choses. La milice algérienne,

après une révolution sanglante, s'était donné un nouveau Bey, le turc Ali-Tekely, que Junès, le prince réfugié, avait eu le malheur de froisser grièvement à une époque où il se trouvait en mission à Tunis. D'un caractère violent et dissimulé, Ali-Tekely avait su comprimer ses instincts d'implacable rancune, bien qu'il lui eût été facile, avant d'être élevé au pouvoir, de demander à Junès une réparation personnelle. Mais, comme on le sait, malgré les ardeurs de leur sang, les Arabes qui, du reste, font tant de cas du courage, ne connaissent pas les combats particuliers. Quand un homme vous a offensé, on ne livre pas au hasard d'une rencontre le soin de la vengeance; on épie, on attend avec calme une occasion sûre, dût-on, si elle ne se présente pas, léguer à un des siens la dette du sang, qui passe de génération en génération. Ces querelles de race, qui tendent à s'effacer, ont une analogie frappante avec celles qui ont rougi autrefois les rues des villes italiennes, et qui, de nos jours encore, ensanglantent parfois le sol d'une île française. Libre de donner cours à son ressentiment sans compromettre les intérêts de sa politique, Ali-Tekely n'hésita pas à embrasser la cause des fils d'Ahssen-ben-Ali et à leur confier une armée qui, sous le commandement du Bey de Constantine, reçut l'ordre de les rétablir dans le gouvernement enlevé à leur père. La victoire couronna leur entreprise ; les troupes algériennes, après un combat opiniâtre, entrèrent dans la ville qu'ils saccagèrent, et étranglèrent le Pacha qu'ils avaient fait prisonnier. Le fils aîné d'Ahssen fut alors immédiatement placé sur le trône, et on lui rendit hommage sous le nom de Mohamed-Bey.

Le règne de ce prince s'annonçait sous les plus heureux présages. Son gouvernement devait porter l'empreinte de son esprit et de son caractère : Habitudes essentiellement militaires, mœurs égalitaires, douces, simples et polies en théorie, aristocratiques, vaniteuses, sensuelles peut-être dans la pratique. Ferme et conciliant, il se distinguait par le sentiment profond qu'il avait des droits de l'humanité, aussi bien que par la tournure philosophique de son esprit. Porté, par les tendances ambitieuses de son génie et par le désir secret d'affranchir son pays, à l'absolutisme, au maintien des priviléges et aux exigences d'une étiquette exagérée, son respect pour la raison, son admiration instinctive pour les œuvres de l'intelligence, la rectitude et l'élévation de son jugement, son amour pour ses semblables l'entraînaient, au contraire, à reconnaître l'égalité devant Dieu, devant la loi, devant la société. Il s'appliqua à réprimer les excès des milices turques qu'il voulait maîtriser : les chrétiens même trouvèrent une protection à laquelle ils étaient loin d'être habitués. Mais malheureusement pour les Tunisiens, ce prince, doué de dispositions si heureuses, régna deux ans et demi à peine, laissant à sa mort deux fils mineurs, Mahmud et Ismaïn. Le Divan mit alors sur le trône son frère,

après lui avoir fait promettre de le resti-
tuer à l'aîné de ses neveux, lorsqu'il serait
en état de gouverner. Mais, loin de remplir
ses engagements, il s'empressa de tenir à
l'écart les fils de Mohamed, prenant grand
soin, au contraire, de mettre en évidence
son fils, le jeune Hamouda, auquel il con-
fia le commandement des troupes. Pour
maintenir le pouvoir entre les mains de
son fils, il sollicita pour lui de la Porte le
titre de Pacha, et l'obtint avec le concours
des ambassadeurs chrétiens dont il s'était
assuré l'appui. Le jeune Hamouda sut lui-
même gagner un tel ascendant sur l'esprit
de ses cousins qu'à la mort de son père,
en 1782, ils furent les premiers à le reconnaître Bey de Tunis.

Que de passions diverses se rattachent à

l'histoire de ce prince! Esprit éclairé, les langues turque, arabe, italienne et française lui étaient également familières. Joignant à une sagacité naturelle une expérience rare des hommes et des choses, il lisait avec une promptitude merveilleuse dans la pensée de ceux qui l'approchaient. Bon musulman et scrupuleux observateur des préceptes du Koran, il savait s'arracher aux affaires les plus importantes si l'heure de la prière ou de l'ablution le surprenait dans ses occupations. Sa physionomie était empreinte d'un cachet particulier de noblesse que rehaussait encore la distinction de ses manières. Fier, hardi, courageux, entreprenant, Hamouda-Pacha sentait avec vivacité; toutes les passions trouvaient place dans son cœur, et, une fois qu'elles y étaient entrées, elles s'y gravaient pour n'en plus sortir. Ce fut lui qui, le premier, eut l'honneur de hisser sur les tours grises de la vieille citadelle le drapeau ensanglanté de la liberté. Il voulut être et il fut le seul dominateur de son pays, dont il traça les limites si loin que put s'étendre son cimeterre.

Le souvenir de leurs malheurs passés et le spectacle qu'ils avaient continuellement sous les yeux, des troubles occasionnés par l'esprit turbulent et oppresseur des Turcs, avaient démontré aux Tunisiens la nécessité de les écarter définitivement du pouvoir. Leur domination était un état de choses forcé et critique qui ne pouvait rester longtemps stationnaire; il fallait qu'il avançât ou reculât pour tomber ensuite.

Mais l'homme, alors qu'il s'agite et se tourmente le plus, a, par instinct, une tendance vers le repos et vers l'habitude. L'un et l'autre contribuent dans une large part à son bonheur. Aussi, dans les principes et dans la marche de l'ordre social, il n'est rien qui trouble plus l'un et l'autre qu'une révolution, et peu importe, du reste, qu'une pareille révolution ait pour objet le perfectionnement de cet ordre ou son anéantissement. La peur de l'inconnu, la répulsion pour les doctrines nouvelles et les théories étranges qui cachent souvent leurs vices sous le nom pompeux de régénération, la crainte enfin d'un nouveau maître et le besoin de repos sont des causes puissantes qui ont maintenu, pendant de longues années, des populations

entières sous le joug étranger. Mais l'heure
de la délivrance était arrivée avec l'avénement de Hamouda-Pacha. Jamais, il est vrai,
révolution n'avait été préparée de longue
main avec tant de mesure, de persistance
et de circonspection. Ce n'était point le
peuple en tumulte qui l'avait amenée; ce
n'était point non plus l'effervescence des
passions qui l'avait mûrie; elle n'était pas
le produit d'une philosophie niveleuse et
sanguinaire, mais bien le fruit naturel et
forcé de la raison et de la nécessité. Dès le
début de son règne, entrant dans une voie
hardie, Hamouda-Pacha retire aux Turcs
la part qu'ils avaient encore dans l'administration du pays, et met à leur place
des personnes plus dévouées à ses entre-
prises, plus capables de seconder ses grands

projets. Vivant en bonne harmonie avec ses cousins, son frère et ses neveux dont il n'avait aucune raison de se méfier; exerçant le pouvoir avec sévérité, il savait, au dehors, faire respecter ses sujets, pour lesquels il se montrait d'une justice rigoureuse. Cependant, peu satisfaite des procédés du Bey à son égard, la garnison turque, humiliée et affaiblie, avait conçu le projet de le renverser et de reconquérir ses anciens priviléges. Le chef qui la commandait, après s'être entendu avec l'Aga de la Casba, s'empare de cette citadelle et ouvre un feu violent sur les forts et la cité. La nouvelle est portée à Hamouda-Pacha qui, sans se troubler, se met à la tête d'un corps de troupes, et va établir sur une colline située en dehors de la ville et dans une position avantageuse une batterie qui commande la Casba. La résistance des Turcs est des plus opiniâtres et ce n'est qu'après avoir épuisé toutes leurs munitions que, désespérant de pouvoir lutter plus longtemps, ils s'arrêtent au parti extrême de prendre la fuite. C'est alors un *sauve qui peut* général et désordonné, où les plus braves font encore volte-face de temps en temps pour tirer quelques balles perdues sur les Maures qui les poursuivent. Mais ils se dispersent bientôt dans tout le pays, espérant, avec du temps, gagner la clémence du Bey. Vaine illusion! Hamouda-Pacha, qui croit voir dans cette circonstance une occasion unique de porter un dernier coup à la domination turque déjà ébranlée par ses prédécesseurs, expédie des courriers à tous les gouverneurs de la Tunisie, avec l'ordre de massacrer sans pitié les Turcs réfugiés dans leur district. Ulcérés par les exactions et les injustices sans nombre qu'ils avaient eu à endurer de la part de leurs oppresseurs, les Arabes exécutèrent avec une rigueur impitoyable les instructions du souverain. A peine le signal donné, hommes, femmes et enfants se mettent en chasse de ces malheureux qui, pris et traqués de tous côtés, sont égorgés sans pitié. Assurément le cœur se soulève à l'idée d'une pareille exécution, mais dans sa cause elle trouve peut-être son excuse : l'esclave dont le bras frappe le maître qui le martyrise et l'opprime doit trouver grâce aux yeux du monde. Que de maux et d'amertumes d'ailleurs pendant de longues et sombres années, le peuple Tunisien n'avait-il pas endurés avant cette rupture finale ! que de souffrances accumulées pour prix de sa rançon ! En pareille circonstance un souverain ne doit compte qu'à Dieu et à sa conscience des ordres qu'il édicte, et nul ne saurait lui en faire un crime.

Hamouda-Pacha, comme on le voit, n'hésita pas un seul instant, pour assurer la sécurité du pays compromise, à faire couler un torrent de sang, et à y jeter au milieu les fondements de la liberté Tunisienne. Afin d'enlever, pour l'avenir toute chance à une rébellion quelconque, le premier soin du Bey, après le massacre des Turcs, fut de retirer les canons de la Casba et d'organiser ensuite ses troupes. Ces précautions ne furent pas inutiles : en effet, les Algériens, qui depuis longtemps n'avaient eu à exploiter l'infortune d'aucun prince **Tuni-**sien, nourrissaient une haine profonde contre Hamouda-Pacha dont ils redoutaient la puissance. Plusieurs Beys de Tunis, à leur avénement au pouvoir, avaient envoyé des présents à celui d'Alger pour se concilier son amitié et son appui au besoin. Hamouda-Pacha, trouvant cet usage contraire à sa dignité, se garda bien de suivre l'exemple de ses prédécesseurs. Les Algériens élevèrent d'abord des réclamations au sujet de ce procédé, mais leurs demandes ayant été formellement repoussées, ils résolurent de marcher sur Tunis pour réprimer et abaisser ce qu'ils appelaient l'orgueil du Bey. Le premier plan de leur campagne était de renverser et de faire

assassiner le Bey de Constantine, que ses
sentiments d'amitié à l'égard de celui de
Tunis rendaient suspect; mais, prévenu·à
temps, il put échapper au complot organisé contre lui et, se réfugier auprès d'Hamouda-Pacha. Ce dernier accueillit avec
empressement son allié et prit immédiatement des mesures pour le replacer au
pouvoir. Sans perdre de temps, après
avoir donné des ordres pour faire forti-
fier sa capitale et la ville de Kef, il réunit
soixante mille hommes qu'il fait marcher
sur Constantine. Cette armée, composée de
fantassins et de cavaliers de toutes armes,
suivie de femmes portées en palanquins
sur des chameaux, offrait l'aspect le plus
bizarre : arrivée, après quinze jours d'une
marche pénible, sous les murs de Constan-

tine, elle trouve une force formidable re-
tranchée dans un camp hors de l'enceinte
de la ville. Dès le lendemain les partis se
trouvent en présence, les jeunes gens les
plus ardents et les plus audacieux s'épar-
pillent immédiatement en éclaireurs, et,
comme les héros d'Homère, commencent
les hostilités par des injures qu'ils adres-
sent à leurs ennemis; mais, peu à peu,
le combat s'engage par petites bandes, et
bientôt l'armée entière s'anime et s'ébranle.
La mêlée devient alors générale, toutes les
bouches vomissent des cris d'imprécation,
tous les fusils partent à la fois, et l'on combat enfin corps à corps, à coups de sabre.
Après six attaques successives et sanglantes,
la victoire reste aux troupes tunisiennes,
qui s'emparent du camp ennemi, dont la

position domine Constantine. Les chefs de l'armée Tunisienne, désireux de se faire un mérite de leur hardiesse auprès d'Hamouda-Pacha qui avait les braves en grande estime, émettent l'avis de donner immédiatement un assaut contre la ville pendant que les Algériens sont encore sous le coup de leur désastre. Mais le général en chef, Soliman Cahia, voyant ses troupes harassées de fatigue et craignant de compromettre le succès de la journée, remet au lendemain l'exécution de ce projet. Cette résolution fut fatale aux Tunisiens, car les troupes ennemies, ayant profité de la nuit pour organiser une sérieuse défense, il fallut procéder par un siége en règle. Les Tunisiens s'établirent dans un camp retranché, dressèrent des batteries, et, pendant deux mois consécutifs bombardèrent la ville. Bien que les sorties tentées par les Algériens eussent été repoussées avec succès, il y avait toujours autant d'opiniâtreté dans la défense que dans l'attaque, et les chefs Tunisiens ne dissimulaient pas leur étonnement pour l'habileté avec laquelle l'ennemi devinait leurs combinaisons et disposait ses travaux de manière à arrêter leurs efforts. Fatigué des lenteurs du siége, Soliman Cahia se décide à donner l'assaut, dont il compromet le succès en voulant employer un stratagème de guerre des plus bizarres. Pour épargner le sang de ses soldats, il les fait précéder de cinq cents chameaux sur le dos desquels on avait lié des échelles ; mais à peine sont-ils arrivés sous les murs de Constantine qu'une

décharge à mitraille jette l'épouvante parmi
ces animaux timides qui se retournent sur
les Tunisiens, dans les rangs desquels ils
jettent le plus grand désordre et qui sont
obligés de rentrer dans leur camp. Après
cette mésaventure, pendant deux mois
encore ils continuent les opérations du
siége : mais sur ces entrefaites, une armée
algérienne, envoyée pour secourir les
assiégés, vient prendre position sur le
fleuve qui entoure Constantine. La cava-
lerie Tunisienne, impatiente de se mesu-
rer avec l'ennemi, engage un combat
acharné mais non décisif, qui lui rapporte
quelques prisonniers et un riche butin.
Peu de jours après, Soliman Cahia, voyant
que ses soldats souffraient beaucoup du
froid et de la pluie, conservant d'ailleurs

peu d'espoir de surmonter la résistance qu'on lui opposait, prit immédiatement de nouvelles dispositions, leva le siége et effectua sa retraite. Bien que cette expédition de Constantine n'eût pas eu, en définitive, l'issue qu'on espérait, elle n'en fut pas moins avantageuse pour les Tunisiens, qui rentrèrent sur leur territoire chargés d'un immense butin. Froissés des pertes qu'ils avaient subies, les Algériens résolurent alors, pour se venger, de ravager l'île de Gerbi, où ils opérèrent un débarquement. Mais s'étant imprudemment engagés dans des terrains marécageux, ils se trouvent forcés, pour en sortir, d'abandonner leurs armes et leurs munitions. Poursuivis et harcelés par les habitants du pays, ils se rembarquent, non sans peine, sur leur flottille, qui rencontre une frégate Tunisienne commandée par un chef intrépide nommé Mohamed-el-Muraly : sommé d'amener son pavillon, il refuse, et, après avoir soutenu contre sept navires un combat acharné, il ne se rend prisonnier qu'au moment où sa frégate, entièrement démembrée, disparaissait sous l'eau. Loin de respecter le courage malheureux, les Algériens le condamnent à mort et lui tranchent la tête. Après cette campagne les hostilités furent suspendues avec les Algériens mais commencèrent avec le Bey de Tripoli, contre lequel Hamouda-Pacha envoya une armée qui s'empara de sa capitale, dont il n'obtint la restitution qu'au prix d'une rançon considérable. Fier de ses succès, redouté de ses ennemis, Hamouda-Pacha semblait affermi sur son trône, lorsqu'il fut empoisonné par deux officiers de sa maison.

C'est à ce prince, dont le règne fut si remarquable sous bien des rapports, que les Tunisiens doivent, comme on l'a vu, leur liberté et leur indépendance. Après avoir si heureusement atteint ce résultat, ils ont su résister à toutes les tentatives qui ont été faites depuis afin de les replacer sous la domination turque. Pour se maintenir dans cette position, il leur a fallu suivre, sur un terrain difficile, une ligne de conduite toute nouvelle. Ils ont senti le poids de la responsabilité que fesait peser sur eux leur caractère de nation libre. Le seul devoir des Beys n'était plus de régner, mais aussi de remplacer, de transformer. Cette tâche, quoique lourde, n'a pas été au-dessus de leur force. Ce gouvernement, considéré en lui-même, a trop souvent été injustement critiqué. Bien des gens, sans le connaître, se sont plu à le représenter comme tyrannique dans son essence, à le proscrire comme contraire aux droits naturels de l'homme, c'est-à-dire comme ayant en lui un principe d'avilissement et de cruauté. Mais ceux qui ont émis cette opinion n'ont sans doute pas suffisamment approfondi cette espèce de gouvernement qui, en principe, est parfaitement adapté aux mœurs et aux habitudes des populations africaines. Cependant, dira-t-on, la concentration de tous les pouvoirs entre les mains d'un seul prince ne peut avoir que des effets désastreux. Législateur et pouvoir exécutif, tout dépend de sa volonté. Mais qu'importe cette concentration du pouvoir, si les lois qu'il édicte sont fondées sur les principes de la raison naturelle, et s'il fait scrupuleusement exécuter la loi. Tout cela peut avoir lieu sans altérer les principes de tout gouvernement possible. Assurément, si un souverain despote n'écoute que les caprices de sa volonté et le mouvement de ses passions, ses sujets auront beaucoup à souffrir d'un pareil régime. Mais, soutiendra-t-on que le gouvernement Tunisien était réglé par les seuls caprices du prince, qu'il n'y avait ni institution politique, ni code, ni tribunaux, ni liberté, ni propriété, ni patriotisme? Non certainement. La jurisprudence civile, l'état religieux, la jurisprudence criminelle étaient réglés par la loi du Koran. Les Beys, avant de faire la paix ou la guerre, prenaient conseil de leur Divan. Admettons que le prince, poussé par des instincts de prépotence ou de corruption, renverse tout cet édifice et ne tienne compte d'aucune règle. On ne conteste pas que de pareils faits ne puissent se produire, mais ils ne changent pas les principes. Un pareil état de choses constituerait une révolution, et ne sait-on pas que toutes les révolutions produisent de grands abus? Ainsi donc, la liberté civile peut exister sous un régime despotique comme sous tout autre; les bases en sont les mêmes. Nul ne prétend que de semblables gouvernements ne présentent aucun inconvénient, et que le caractère du prince n'exerce une influence considérable sur l'ensemble de l'administration. Mais pourquoi, de parti pris, exagérer leurs vices et méconnaître leurs qualités? Quel intérêt le chef de l'État peut-il avoir à faire le malheur de son peuple et à se rendre odieux? Doit-on admettre que les souverains ne soient pas doués des mêmes facultés morales que les autres hommes? Certes, si par exception, il se rencontre un prince pervers, son caractère réagira d'une manière funeste sur ses sujets; mais sous tous les régimes ne rencontre-t-on pas des effets analogues? Ces révolutions françaises faites au nom de la liberté et du bonheur universel, quels souvenirs sanglants ne nous ont-elles pas laissés? La servitude et la liberté, reconnaissons-le, dépendent essentiellement de la stabilité et de l'exécution de la loi. Quant

au peuple Tunisien, le gouvernement de ses
Beys était, sur tous les rapports, propre à
son caractère. S'est-il, en effet, jamais sou-
cié d'établir chez lui le grand principe ré-
publicain, le grand principe communiste,
ou le grand principe anarchiste? La civilisation moderne, à force d'avoir analysé,
décomposé les droits primitifs de l'homme,
liberté, égalité, etc., etc., a, en définitive,
affaibli les principes d'autorité et rendu,
dès lors, bien difficile l'art de gouverner.
Avec les grands mots de souveraineté du
peuple, majesté du peuple, les niveleurs du
jour ont plus d'une fois jeté la perturba-
tion dans nos sociétés et rendu nécessaire
l'emploi de la rigueur et de la sévérité.
Mais abstraction faite du prestige des mots,
l'on reconnaîtra que l'indépendance peut

exister sous toutes les formes de gouvernements réguliers.

Depuis le règne d'Hamouda-Pacha, le gouvernement Tunisien a marché à grands pas dans la voie de la civilisation, et le Bey actuel, S. A. Sidi-Mohammed-Sadâk, en donnant à son peuple une nouvelle consti-tution posée sur les bases les plus libérales, a fait un acte qui imprimera à son règne un cachet de véritable grandeur. Il aura toujours aux yeux des générations à venir le mérite incontestable d'avoir donné l'exemple d'une initiative intelligente et courageuse. Cette constitution, un des si-gnes les plus curieux du travail de la civi-lisation contemporaine, est digne, à tous égards, de l'attention des gouvernements.

A cette œuvre qui ouvre une large voie à

toutes les améliorations que pouvaient ré-
clamer les intérêts du pays, restera glorieu-
sement attaché le nom de Mohammed-el-
Sadâk. La liberté des cultes, l'égalité parfaite devant la loi sans distinction de race
ni de religion, la garantie des personnes et
des propriétés, le droit d'acquérir et de
posséder sont autant de principes procla-
més hautement par le pacte fondamental
que le prince, en présence des représen-
tants des puissances européennes et des
dignitaires de l'État, a juré de fidèlement
observer. L'industrie, l'agriculture, le commerce trouvent également de sérieuses ga-
ranties dans les 114 articles de cette constitution qui pourvoit, du reste, avec un soin
particulier à l'organisation de la justice
administrative et judiciaire. Mais un des

points les plus remarquables assurément,
c'est la règle sévère que le souverain s'est
imposée à lui-même. Tout prince à son
avénement au trône doit prêter serment de
ne jamais enfreindre les prescriptions du
pacte fondamental. Ce serment doit être
fait solennellément et à haute voix, en
présence des membres du conseil suprême
et des membres du Charaâ. Il ne recevra
l'hommage de ses sujets et ses ordres ne
seront exécutables qu'après l'accomplisse-
ment de cette formalité. Le chef de l'État
est responsable de tous ses actes devant le
Conseil suprême et, s'il violait volontaire-
ment les lois politiques du royaume, il serait déchu de ses droits. Les revenus pu-
blics, sur lesquels le souverain ne s'est ré-
servé qu'une faible somme pour sa liste

civile et celle de sa famille, doivent être répartis entre les divers ministères pour être appliqués, en intégralité, à la solde des employés et aux besoins de l'État. Une liberté complète est assurée à tous les étrangers établis dans les États tunisiens en ce qui concerne l'exercice de leurs cultes : ils jouiront de la même sécurité personnelle que celle garantie aux sujets Tunisiens, et ne seront soumis ni à la conscription, ni à aucun service militaire, ni à aucune corvée; une sûreté complète leur est promise pour leurs biens et leur honneur; ils pourront, en outre, aux mêmes conditions que les sujets Tunisiens, se livrer à tout commerce d'importation ou d'exportation.

Cette constitution, à laquelle il est inu-

tile de s'arrêter plus longtemps, est, il faut
le reconnaître, un grand pas de fait vers
les nobles idées et les pratiques gouverne-
mentales françaises. Le chargé d'affaires
de l'Empereur à Tunis, qui est également
le représentant le plus actif et le plus
habile de la civilisation européenne, a
puissamment aidé à la reconstitution de
cet édifice politique. Tout en respectant le
caractère et les habitudes des habitants du
pays, M. Léon Roches s'est attaché à les
convaincre qu'il était en leur pouvoir, sans
compromettre leurs intérêts, de participer
aux avantages d'une pratique plus avancée
que la leur. Grâce à ses conseils, aujour-
d'hui commence à se faire jour une opinion éclairée qui, loin de tous les extrêmes,
demande qu'on améliore l'organisation de

l'État sans la bouleverser. M. Roches, qui,
par sa rare sagacité et son attitude pleine
de calme, a su acquérir auprès du Bey la
considération la plus méritée, a été assez
heureux pour lui faire comprendre le bien
réel, positif et pratique que peut amener
une réforme législative mise en harmonie
avec les progrès accomplis chez presque
tous les peuples de l'Europe. Son Altesse,
qui a pour la France une sympathie dont
on ne saurait douter, sait bien que ses projets d'amélioration ne peuvent que rencontrer auprès du gouvernement de l'Empereur une approbation entière. Il appartient à la France, à son agent, de soutenir
et d'encourager de si louables dispositions.
Pour être juste, à côté de M. Roches il faut
mettre M. le baron Jules de Lesseps, le re-

sentant du Bey à Paris, dont on pourrait dire que le nom est Tunisien, si une gigantesque entreprise, que la civilisation tout entière suit de ses vœux, ne l'eût rendu européen. En effet, le concours de loyaux services que son honorable famille et lui-même en particulier, ont, de tous temps, prêté aux souverains de Tunis, occupe une place trop large pour être passé sous silence. Le premier il a poussé au mouvement du progrès, et il a fallu le suivre. Entraînée par son initiative intelligente et courageuse, la Tunisie s'est lancée hardiment dans la voie de progrès et d'amélioration où nous la retrouvons aujourd'hui. Il n'a laissé échapper aucune occasion de resserrer plus intimement les liens qui l'unissaient à la France et qui, en étant pour elle un gage de sécurité, lui permettent de reprendre toute sa liberté d'action. Sa sagacité naturelle , son sens pratique des affaires, la justesse de ses idées, jointes à celle de son raisonnement avaient permis, depuis longtemps déjà , à M. le baron de Lesseps de démêler sainement les véritables intérêts de la Tunisie et de les combiner avec ceux de la France. Prévoyant dans ses plans, prudent dans sa conduite, il a su par l'urbanité de son caractère et la rectitude de son jugement, acquérir dans les conseils du Bey une haute influence, dont il n'a usé, du reste, que pour le plus grand bien de Son Altesse.

C'est une œuvre difficile que la conciliation des droits du trône avec ceux du peuple dans ces moments où une nation

arrive à un développement plus large de sa liberté , sous quelque forme que cette liberté ait été octroyée, consentie ou stipulée. Son Altesse Sidi Mohammed-Sadâk, on le sait, est un prince intelligent et loyal qui se soutiendra avec honneur, nous n'en doutons pas, dans la voie libérale où il s'est engagé. La France, qui a ouvert pour les peuples du continent la carrière de l'indépendance avec un éclat que le monde n'oubliera jamais, suivra avec le plus sympathique intérêt les efforts des autres nations pour conquérir le régime constitutionnel. Personne ne met en doute la sincérité de ses sentiments ; elle applaudit au progrès quel qu'il soit, à la condition cependant de le tenir pour le germe d'un nouveau progrès. A Tunis nous assistons à une trans-

formation profonde des anciennes cou-
tumes : peu à peu les préjugés s'effacent
pour faire place à une manière plus saine
d'envisager les choses. La pensée politique
se fait pratique et organisatrice. Le pays,
animé de sentiments de reconnaissance
pour son souverain, qui sait si bien comprendre et satisfaire les besoins des populations soumises à sa domination, veut que
le gouvernement s'affermisse de plus en
plus; il en attend, il en exige beaucoup.
Une aussi franche adhésion lui donne une
grande force, il est vrai; mais ces vœux et
cette attente lui imposent des obligations
considérables. Sans se jeter avec précipi-
tation dans des changements arbitraires et
d'une utilité douteuse, le gouvernement
Tunisien ne saurait craindre aujourd'hui

de marcher dans la carrière du bien. Il faut qu'il améliore en conservant. En appelant autour de lui, pour l'éclairer de leurs conseils, les hommes les plus intelligents du royaume, Son Altesse s'est créé un point d'appui et des forces qui lui permettront de mener à bien toutes les réformes dont il sent si vivement la nécessité. L'habile direction imprimée aux efforts de sa politique par son premier ministre le Khaznadar, dont le mérite éminent et les idées libérales ne sauraient être contestés, donne de grandes espérances pour l'avenir. Étendre la base sur laquelle s'appuie le pouvoir en s'entourant toujours des hommes les plus sages et les plus estimés ; en former l'élément de son conseil ; répandre l'instruction et les idées morales dans toutes les classes du peuple, voilà le programme que semble avoir adopté Son Altesse, et qui permet d'attendre les plus heureux résultats. Au nombre de ses ministres figure en première ligne le général Khérédine, qui a laissé à Paris où il a été envoyé, il y a quatre ans environ, pour remplir une mission délicate, les plus honorables souvenirs. Esprit libre, souple et pénétrant, serviteur fidèle de la vérité, la cherchant toujours d'un cœur sincère, le général Khérédine, qui joint à une érudition profonde le tact le plus parfait des convenances, appartient à cette race d'hommes d'élite qui impriment à leur rôle une individualité aussi puissante que remarquable.

Le comte Portalis, de regrettable mémoire, sénateur de l'Empire, ancien pre-

mier président de la Cour de cassation et
du comité du contentieux du département
des affaires étrangères, dit un jour en par-
lant du général Khérédine avec lequel il
avait eu de fréquents rapports : « Que tout
gouvernement de l'Europe eût été honoré
de le compter au nombre de ses hommes
d'État. » Cet hommage rendu au général
par un personnage aussi éminent que le
comte Portalis, est le plus bel éloge qu'on
en puisse faire. Après lui citons encore son
ancien aide de camp, le général Hussein,
aujourd'hui maire de Tunis, que recom-
mandent la rectitude de son jugement et
la noblesse de son caractère. Ceux qui l'ont
connu ont conservé pour lui une estime
dont nous ne saurions dissimuler l'expres-
sion.

Maintenant qu'une révolution irrépro-
chable a ouvert une ère nouvelle à la Tunisie, il faut qu'un accord, qu'une mu-
tuelle entente s'établisse entre ceux qui
enrichissent et ceux qui éclairent la société : travailleurs et fonctionnaires. C'est
à ces derniers surtout qu'il appartient de
révéler à la nation ses propres destinées, à
lui ménager la place qui lui est due. Le
progrès ne s'accomplit pas en un jour, il
ne jaillit pas comme l'éclair qui illumine
l'espace. Les peuples s'affranchissent par
degrés ; la liberté s'étend et la base du pouvoir s'élargit à mesure que les lumières se
répandent. Le sort des populations doit s'a-
méliorer graduellement sous l'influence
d'institutions sagement adaptées aux conditions dans lesquelles se trouve le monde ci-

vilisé. Dès que l'on renonce à se laisser doucement aller à l'empire des traditions, il est nécessaire de remplacer insensiblement les usages par la raison, un fait par une idée. Quelles que soient les difficultés qui puissent se présenter, le mouvement est donné, il faut le suivre! on est en route, il faut marcher! La nation Tunisienne avance sur nos traces; elle cherche de son mieux à naturaliser chez elle nos goûts et nos habitudes; elle est en bonne voie, qu'elle s'y maintienne avec courage et confiance. La France l'accompagnera de ses vœux, et son concours sera toujours acquis au prince qui a inscrit sur son drapeau :

« *Progrès et civilisation.* »

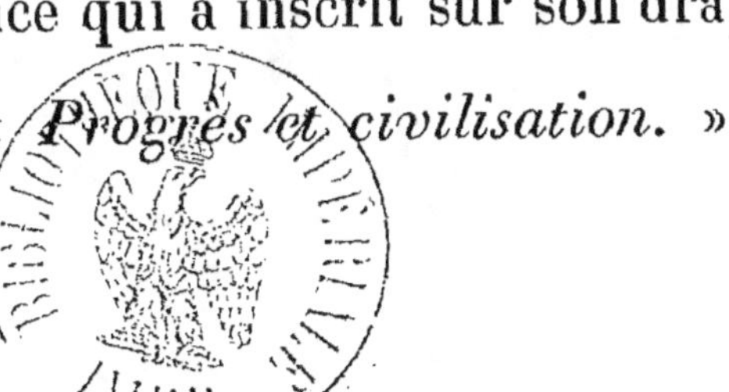

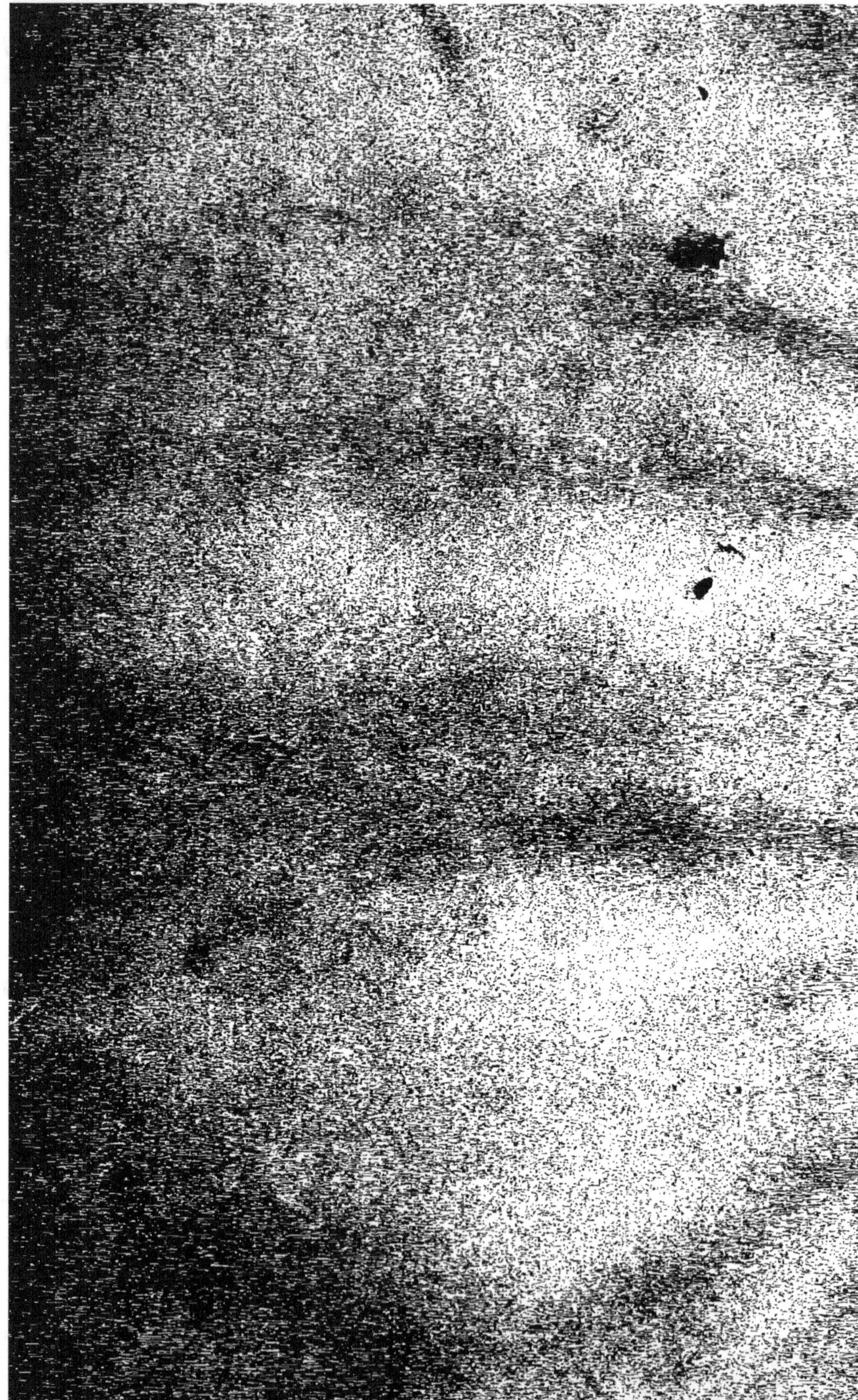